A Crabtree Roots Book
Yon Liv Crabtree Rasin

Farm Animal Friends

Zannimo Pak Yo

PIGS
KOCHON

AMY CULLIFORD
JEAN-PIERRE GASTON

Crabtree Publishing
crabtreebooks.com

School-to-Home Support for Caregivers and Teachers

This book helps children grow by letting them practice reading. Here are a few guiding questions to help the reader with building his or her comprehension skills. Possible answers appear here in red.

Before Reading:

- What do I think this book is about?
  - *This book is about pigs.*
  - *This book is about pigs that live on farms.*

- What do I want to learn about this topic?
  - *I want to learn what pigs eat.*
  - *I want to learn what colors a pig can be.*

During Reading:

- I wonder why...
  - *I wonder why some pigs are pink.*
  - *I wonder why pigs say oink.*

- What have I learned so far?
  - *I have learned that pigs can be big or little.*
  - *I have learned that pigs can be different colors.*

After Reading:

- What details did I learn about this topic?
  - *I have learned that pigs can have spots.*
  - *I have learned that pigs eat a lot.*

- Read the book again and look for the vocabulary words.
  - *I see the word **pink** on page 8 and the word **spots** on page 10. The other vocabulary words are found on page 14.*

Sipò Lekòl A Kay Pou Moun Kap Bay Swen Ak Pwofesè Yo

Liv sa a ede timoun yo grandi lespri yo nar kite yo pratike lekti. Men kèk kesyon kap ed lektè a bati konpreyansyon konpetans yo. Epons posib yo parèt an wouj.

Anvan Lekti:

- De kisa mwen panse liv sa pale?
  - *Liv sa a se sou kochon.*
  - *Liv sa a se sou kochon kap viv nan pak yo.*

- Kisa mwen vle aprann sou sijè sa?
  - *Mwen vle aprann kisa kochon manje.*
  - *Mwen vle aprann ki koulè yon kochon ka ye.*

Pandan Lekti:

- Mwen mande poukisa...
  - *Mwen mande poukisa gen kochon ki wo*
  - *Mwen mande poukisa kochon yo di oink*

- Kisa mwen te aprann jiskaprezan?
  - *Mwen te aprann ke kochon ka gwo ou bien piti.*
  - *Mwen te aprann ke kochon ka gen koulè diferan.*

Aprè Lekti:

- Ki detay mwen te aprann sou sijè sa?
  - *Mwen te aprann ke kochon ka gen tach*
  - *Mwen te aprann ke kochon ka manje anpil.*

- Li liv la ankò epi chèche mo vokabilè yo.
  - *Mwen wè mo **woz** nan paj 8 ak mo **tach** nan paj 11. Lòt mo vokabilè yo wap jwenn nan paj 14.*

This is a **pig**.

Sa se yon **kochon**.

Some pigs are big.

Gende kochon ki gwo.

Some pigs are little.

Gende kochon ki piti.

Pigs can be **pink**, black, or brown.

Kochon ka gen koulè **woz**, nwa, oswa mawon.

Some pigs have **spots**!

Gende kochon ki gen **tach**!

Pigs eat all day long.

Kochon manje tout lajounen.

All pigs say, *oink!*

Tout kochon di, *oink!*

Word List

Sight Words

a	black	is
all	brown	little
are	can	say
be	eat	some
big	have	this

Lis Pawòl

Mo timoun rekonèt lè yo fèk kòmanse li

di	nwa	tout
gwo	piti	yon
manje	sa	
mawon	se	

Words to Know

pig

pink

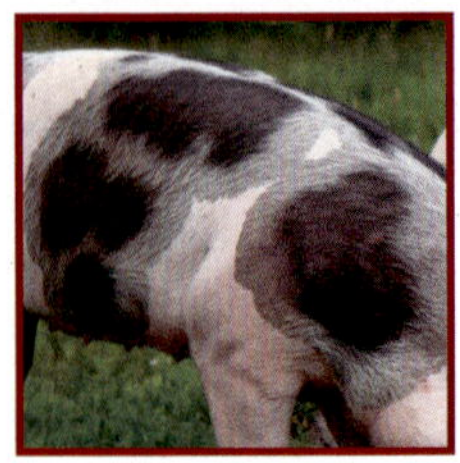

spots

Mo pouw Konnen

kochon

tach

woz

32 Words

This is a **pig**.
Some pigs are big.
Some pigs are little.
Pigs can be **pink**, black, or brown.
Some pigs have **spots**!
Pigs eat all day long.
All pigs say, *oink!*

33 mo

Sa se yon **kochon**.
Gende kochon ki gwo.
Gende kochon ki piti.
Kochon ka gen koulè **woz**,
nwa, oswa mawon.
Gende kochon ki gen **tach**!
Kochon manje tout lajounen.
Tout kochon di, *oink!*

Farm Animal Friends

Zannimo Pak Yo

PIGS
KOCHON

Written by/Ekri pa: Amy Culliford
Designed by/Ki fèt pa: Rhea Wallace
Series development/Devlopman seri a pa: James Earley
Proofreader/Korektè: Kathy Middleton
Educational consultant/Konsiltan edikasyon: Christina Lemke M.Ed.
Translated by/Tradui pa: Jean-Pierre Gaston

Photographs/foto:
Shutterstock: Irina Kozorog: cover (tl); Alexander Raths: cover (tr); ArtbyPixel: cover (b); ccpixxphotography: p. 1; Konmac: p. 3, 4-5, 14; sinagrafie: p. 7; C.Lotongkum: p. 9 (t), 14; Juan Aunion: p. 9 (b); acceptphoto: p. 10-11, 14; QiuJu Song: p. 12; Eric Buermeyer: p. 13

Crabtree Publishing

crabtreebooks.com 800-387-7650

Published in Canada
Pibliye nan Kanada
Crabtree Publishing
616 Welland Ave.
St. Catharines, Ontario
L2M 5V6

Published in the United Sta
Pibliye Ozetazini
Crabtree Publishing
347 Fifth Avenue,
Suite 1402-145
New York, NY, 10016

Paperback 978-1-0398-5074-3
Ebook (pdf) 978-1-0398-5116-0
Epub 978-1-0398-5158-0

Printed in Canada/122023/CP20231124

Library and Archives Canada Cataloguing in Publication
Available at the Library and Archives Canada

Library of Congress Cataloging-in-Publication Data
Available at the Library of Congress